DES SERVICES A VAPEUR

TRANSATLANTIQUES

ET DE CEUX

D'EUROPE AUX ÉTATS-UNIS

EN PARTICULIER

PAR M. LE Dr ERNEST BERCHON

Médecin de la Marine Impériale, Chevalier de la Légion-d'Honneur,

etc. etc.

HAVRE

IMPRIMERIE LEPELLETIER, PLACE LOUIS-PHILIPPE.

1866

Des Services à Vapeur Transatlantiques

ET DE CEUX

d'Europe aux Etats-Unis

EN PARTICULIER (1)

Lorsque l'on jette un coup d'œil sur la carte de l'Océan Atlantique et des continents qui lui servent de limite, on est naturellement frappé de l'étendue de mer qui sépare l'Europe de l'Amérique, et l'on pense involontairement à l'audace extrême du premier navigateur qui osa s'aventurer, sans autres guides que son génie et sa foi, dans la longue solitude de l'Océan.

L'ancien monde, groupé dans ses trois divisions : Europe, Asie, Afrique, autour de la Méditerranée, avait ses moyens de

---

(1) Cette étude fait partie d'un ouvrage sous presse, et qui paraîtra sous le titre : *En Steamer ; — d'Europe aux Etats-Unis ; — Histoire, Souvenirs, Impressions de voyages.*

En cherchant à combler une lacune de la littérature maritime, l'auteur ne pouvait s'attendre à voir son œuvre accueillie avec autant de faveur par la Société Havraise d'Études Diverses, et il saisit cette occasion de témoigner à cette savante Compagnie sa vive reconnaissance pour l'intérêt qu'elle a pris à un des chapitres de son livre.

communication naturels, ses étapes terrestres. Il pouvait être parcouru sans grandes difficultés à mesure que les générations humaines, trop pressées les unes contre les autres, émigraient vers de nouveaux horizons. L'Amérique, au contraire, est comme isolée du reste de l'univers, excepté au nord et vers les régions les plus septentrionales du Nord-Ouest qui présentent à la fois, entre elle et l'Asie, l'étroit passage de Behring et la chaîne des Kuriles et Aléoutes.

Cependant, si l'on examine de plus près certaines dispositions des terres, certaines configurations des côtes opposées, on est également conduit à reconnaître que telles conditions géographiques sont plus favorables que toutes autres à l'établissement des communications entre les deux masses continentales que la flotte de Colomb devait unir.

Au nord de l'Atlantique, en effet, se remarque une suite presque ininterrompue d'Iles qui par les Orcades, Shetland, Fœroë et l'Islande rattachent en quelque sorte l'Angleterre, et par conséquent l'Europe, au Groënland et par lui au reste de la partie vraiment continentale de l'Amérique du Nord.

Plus au Sud, les caps avancés de l'Irlande, de l'Angleterre, de la France, de l'Espagne et du Portugal paraissent autant de têtes de pont vers les rivages américains sans autres points intermédiaires, il est vrai, que les Açores et les Bermudes, ilots perdus au milieu des flots.

Or, l'histoire confirme jusqu'à un certain point l'importance de ces considérations purement géographiques. Elle apprend en effet que des émigrations scandinaves, poussées par la tempête, découvrirent l'Islande et le Groënland pour parvenir au *Vinland it Goda*, au pays du bon vin ; (1)

---

(1) États actuels du Connecticut, Massachussetts, etc., lors des découvertes scandinaves en Amérique.

et l'on sait l'expédition merveilleuse de Colomb, partant des rives occidentales de l'Andalousie ; puis celles des Anglais et des Français (Cabot, Cartier, Verrazani) découvrant réellement l'Amérique du Nord dix-sept mois avant la reconnaissance du Nouveau-Monde dans sa partie méridionale ou tropicale.

Il ne faudrait pas, toutefois, mettre sur le compte des facilités qu'offre la proximité relative des terres indiquées plus haut tout le succès de ces remarquables voyages. L'histoire nous apprend aussi qu'il pourrait être plus naturellement attribué : d'un côté, à l'esprit d'audace qui poussait en avant, dès le IXme siècle, les intrépides marins du Nord ; de l'autre, au développement de la marine espagnole qui, peu après, devint prépondérante sur la mer pour s'éclipser presque entièrement plus tard devant la puissance maritime croissante d'autres nations, surtout de l'Angleterre.

D'ailleurs, c'est principalement de notre temps qu'il est utile d'étudier ou d'analyser, pour mieux dire, les conditions réelles qui doivent assurer, à telles ou telles contrées, le privilège de servir d'intermédiaire ou de point de départ des communications transatlantiques. Or, nous croyons qu'on doit chercher ces conditions : 1° dans la puissance maritime de certains peuples, suite presque inévitable de l'étendue des relations commerciales ; 2° dans la puissance industrielle de certaines nations ; 3° enfin dans la situation de certaines provinces ou villes relativement aux sources ordinaires de la prospérité de toute entreprise régulière de transport.

L'appréciation comparative de ces conditionalités primordiales constituera tout le présent mémoire dont les conclusions seront précisément la meilleure démonstration des causes de vitalité des diverses lignes qui se disputent aujourd'hui et pourront se disputer un jour l'exploitation des grandes routes maritimes d'Europe en Amérique.

§ I.

De l'influence de la puissance maritime et commerciale d'un peuple sur les services à vapeur transatlantiques.

Il serait peut-être rationnel de commencer notre exposition par des considérations détaillées sur l'influence que peut exercer et qu'exerce en effet, dans une certaine mesure, la puissance politique des divers peuples sur l'établissement des grands services maritimes, mais nous serons très bref sur ce point.

Nul doute que tous les gouvernements, quelles que soient leurs formes, aient un intérêt direct à créer, par ce moyen, des relations extérieures élargissant leur sphère d'action, rendant cette action elle-même plus directe, plus rapide et, par conséquent, plus puissante, non-seulement sur les postes éloignés qu'ils ont choisis dans un intérêt militaire ou colonial, mais encore sur les contrées étrangères. Ces motifs, dont il est inutile d'indiquer la portée, ont été les causes spéciales des subventions accordées à presque toutes les compagnies transatlantiques, et seront certainement toujours assez puissants pour maintenir ces secours.

On avait bien tenté, dès le début, soit en Angleterre, soit en France, d'exploiter, par les ressources pures de l'Etat, ce genre nouveau de relations sociales, mais on a dû y renoncer et le principe, généralement admis aujourd'hui, des subventions aux services maritimes, est une preuve sans réplique de l'impossibilité comme de l'inefficacité d'une action politique quelconque dans l'organisation et la direction générale des grandes entreprises de l'océan.

Le rêve, longtemps caressé, de navires propres à la fois au combat et au commerce, s'est dissipé partout, comme on a dû abandonner l'idée de confier tous les commandements des paquebots à des officiers du cadre *actif* des diverses marines de guerre. On a compris qu'il y avait dans cette double destination d'hommes et de choses des incompatibilités réelles qu'il est aisé de deviner; et l'expérience, cette grande école du bon sens, du pratique et de l'utile, a consacré, pour toutes les compagnies maritimes, la base d'une constitution essentiellement commerciale. C'est la seule possible pour un succès de longue durée, la seule fertile en résultats financiers et même nationaux, comme nous l'exposerons bientôt.

Les progrès incessants des constructions navales, la transformation radicale des grandes machines de guerre de la mer, leur séparation de plus en plus tranchée des types reconnus plus avantageux pour les navires de commerce, la substitution du fer au bois dans tous les steamers appelés à atteindre de grandes vitesses ; tous ces faits de l'histoire maritime moderne ont résolu, plus récemment encore, la même question dans un sens tout à fait absolu.

Nous n'entrerons donc point dans plus de développements à ce sujet, sauf à y revenir incidemment plus loin, à propos des avantages que procurent aux nations qui les favorisent l'extension des lignes postales de la mer.

Nous nous étendrons davantage, au contraire, sur les conditions qui se rattachent à la puissance maritime des différents peuples, en tant que cette puissance est intimement attachée à l'existence de vastes relations commerciales.

Ici, nous l'avouerons, nous serions presque tenté de faire une excursion dans le domaine de l'histoire, pour y rechercher les causes profondes qui ont tour à tour fait passer le sceptre des mers à diverses cités ou nations, soit dans l'antiquité, soit dans les temps plus rapprochés de nous. Mais cette étude, même bornée aux données modernes, c'est-à dire à l'historique de la prépondérance successive des villes italiennes (Gênes, Venise, etc.) de l'Espagne, du Portugal, de la Hollande et de l'Angleterre, nous entraînerait trop loin.

Nous y renonçons donc, quoiqu'à regret, pour ne nous occuper que des faits actuels.

Or, il ne peut y avoir aucune discussion sur la supériorité réelle de l'Angleterre sur les autres nations Européennes et même Américaines, au double point de vue qui nous occupe. C'est un des caractères les plus marqués de son peuple, que l'ardent désir de multiplier ses stations navales, de fonder sans cesse de nouveaux comptoirs, de se procurer à tout prix des matières premières de toutes sortes, et de se créer partout des marchés pour l'écoulement de ses manufactures. Dieu lui a refusé les plaines fertiles et les produits qu'il semble avoir prodigués au sol d'autres pays. En retour il lui a fourni les moyens assurés de se procurer les richesses que l'inclémence du climat ne lui permettait pas d'acquérir ; il lui a réservé, dans les profondeurs de sa terre ingrate, des trésors de charbon et de fer, c'est-à-dire de combustible et et de machines de tout genre, ces deux agents nécessaires des créations ou des transformations industrielles, sources modernes de la prospérité d'un pays.

Grâces aux efforts prévoyants d'une administration que nous n'avons pas à juger dans son essence, chaque année voit s'étendre ce vaste empire dont le siège est aussi bien à Birmingham, Manchester, Glascow et Liverpool qu'à Londres. C'est plus qu'une tradition gouvernementale, c'est une préoccupation de tous les instants et comme un besoin social révélé par chaque rapport du budget à la chambre des communes. La force, la ruse, la persévérance surtout marchent ensemble à cette conquête commerciale de l'univers entier, et le développement de la marine à vapeur suit nécessairement ce magnifique mouvement ascensionnel qui ne saurait trop être observé et médité par l'homme d'Etat comme par tout esprit jaloux du progrès.

Pour relier ensemble et dans lés délais les plus courts tous ces points du globe que séparent souvent de longues distances, rien ne peut surpasser la vapeur. Les steamers paraissent et l'on peut dire que sans leurs roues ou leurs hélices l'Angleterre ne conserverait pas longtemps les vastes contrées qu'elle préfère certainement soumettre à sa suprématie commerciale plutôt qu'à sa puissance politique. Viennent les jours où les liens qui retiennent ces colonies à la mère patrie paraissent trop serrés ou trop lourds, et de nouveaux Empires se fondent, mais le marché reste et le but principal est atteint.

Aucune nation ne peut prétendre aujourd'hui au rang considérable qu'occupent les Anglais dans le mouvement commercial du monde. Aucune ne peut présenter assurément quelque chose d'égal à cette magnifique flotte à vapeur qui sert d'intermédiaire entre l'Europe et les régions les plus reculées. Les Etats-Unis eux-mêmes, si admirablement favorisés par les richesses sans cesse nouvelles de leur sol et l'esprit entreprenant de leurs marchands, ne peuvent entrer en comparaison avec la puissance anglaise, et pour beaucoup des hommes d'Etat de ce grand pays il est incontestable que cette infériorité n'est attribuable qu'au développement insuffisant des services réguliers à vapeur, purement américains, sur l'Océan. Les Chambres de Washington ont souvent retenti de plaintes éloquentes à propos précisément des lignes Européennes qui ont, pendant de longues années, monopolisé les transports vers New-York.

Cependant il n'est pas indispensable qu'un pays ait une aussi large part dans les relations des peuples, ou des colonies aussi nombreuses, pour qu'il soit appelé à revendiquer un rang élevé dans le transit commercial qui enrichit nos voisins. L'Allemagne a su fonder les lignes florissantes de Hambourg et de Brême vers l'Amérique du Nord. Les Etats-Unis vont reprendre sans doute bientôt les services que la guerre avait supprimés. La France a aussi largement progressé depuis quinze ans dans la même voie. Sa position est presque tout à fait prépondérante dans la marine à vapeur commerciale de la Méditerranée, où les paquebots des Messageries Impériales portent glorieusement et fructueusement dans tous les ports leur pavillon. Les steamers de la même Compagnie luttent depuis 1860 sans désavantage, loin de là, avec ceux du Royal Mail qui monopolisaient, depuis 1851, les plus riches transports du Portugal, du Brésil et des Républiques Argentines. La ligne française de l'Inde, de la Chine et du Japon, créée seulement en 1862, fonctionne déjà d'une façon prospère.

D'un autre côté, la Compagnie Générale Transatlantique a pu créer un service sur les Antilles et le Mexique dans des conditions vraiment exceptionnelles de succès. (avril 1862). Sa ligne américaine du Havre à New-York (juin 1864) est appréciée de plus en plus chaque jour. Ses paquebots vont aussi toucher, depuis août 1865, aux rives de Colombie, de Panama, et, par des correspondances, à celles de l'Equateur, du Pérou, du Chili et de la Californie, reliant à leurs grandes artères les Guyanes et toutes les Iles importantes de la mer Caraïbe.

Nul doute enfin que bientôt se réalise la prédiction deux fois applaudie de M. Vandal, directeur général des postes de France, au banquet d'inauguration de la ligne du Havre :

« Encore un peu de temps, Messieurs, et les hommes de » notre génération verront les bâtiments des Messageries » Impériales, sortis par la porte de Suez, et les bâtiments de » la Compagnie Transatlantique, sortis par la porte de Pa- » nama, se rencontrer et se saluer dans l'Océan Pacifique, » après avoir embrassé le monde dans leurs évolutions ; se- » mant au loin sur les deux hémisphères les idées religieuses » et les idées économiques, les apôtres désintéressés de » l'Evangile et les missionnaires aventureux de l'industrie, » pionniers tous deux de la civilisation française. »

Ou nous nous trompons, ou les considérations qui précèdent mettent en mesure de conclure que si l'étendue des relations commerciales et la puissance qui naît de la possession de colonies nombreuses sont des conditions favorables pour le succès des grands services maritimes, elles n'en sont pas une condition absolue. Nous allons montrer qu'il en est ainsi de la supériorité industrielle.

§ II.

De l'influence de la puissance industrielle d'une nation sur les services maritimes à vapeur.

Sous ce rapport encore, l'Angleterre et, après elle, l'Amérique se présentent en première ligne, laissant derrière elles presque toutes les autres nations. C'est la Grande-Bretagne qui mit le plus vite à profit les premières machines à vapeur, filles du génie de James Watt. Pendant de longues années, sa forte industrie fournit seule les marines des autres peuples de leurs meilleurs appareils de locomotion. Fulton demandait aux ateliers de Boulton et Watt, à Soho, les moyens de faire mouvoir son navire, et des ouvriers de la même usine franchissaient l'Atlantique pour aller assembler et monter les pièces qui devaient faire cheminer le *Clermont* sur l'Hudson. Il en fut ainsi longtemps en Europe, où bien des machines portent encore les noms des constructeurs du Royaume-Uni.

Le gouvernement de ce grand pays a compris qu'il y avait un immense intérêt à favoriser autant que possible le développement des grandes industries, et il ne peut venir à la pensée de personne que l'activité des fabricants anglais se relâche jamais dans la production et dans le perfectionnement des navires destinés à répondre aux besoins sans cesse croissants des transports maritimes. Succès oblige, et le travail persévérant des grandes usines de la Clyde ou de la Tamise maintiendra certainement, durant de longues années, aux ateliers de l'Angleterre et de l'Ecosse, la clientèle qui leur est assurée, d'ailleurs, par le nombre et la perfection de leurs produits.

L'Amérique suit l'Angleterre de près et vient de faire des

efforts considérables ainsi que des progrès sérieux dans les constructions navales. Si ces efforts ont été malheureusement détournés, dans ces dernières années, vers les machines de destruction, elle ne tardera pas à marcher d'une ardeur égale dans la voie des travaux pacifiques, maintenant que l'heure de la paix a sonné.

Même activité partout en Europe. Plusieurs nations, presque étrangères tout récemment encore aux choses de la mer, veulent avoir une marine et y consacrent une portion importante de leurs ressources. Plusieurs ont déjà de vastes chantiers et des outillages perfectionnés qui leur permettent de fabriquer chez elles ce qu'elles ont d'abord presque exclusivement demandé à l'Etranger.

Ces faits n'échappent pas aux Anglais, les rapports annuels du chancelier de l'Echiquier le démontrent; mais, conscients des débouchés qui, peu à peu, doivent leur échapper en Europe, ils trouvent dans cette prévision de puissants motifs de se porter avec plus de persistance vers de nouvelles contrées. On peut même dire qu'ils monopolisent la fabrication des steamers et des machines de la plupart des colonies ou des pays appelés successivement à un état avancé de civilisation. La vapeur devient surtout une nécessité d'existence dans les contrées que la fréquentation des Européens initie à des destinées qu'elles pouvaient difficilement entrevoir avec les lenteurs inévitables de la navigation à voiles. L'Angleterre sait admirablement profiter de la position que lui assure, sous le rapport de la fourniture dont nous parlons, l'extension de ses grandes usines ainsi que les progrès incessants qu'engendrent le travail et l'expérience, ces aides féconds du génie industriel.

Il serait toutefois déraisonnable d'avancer que la concurrence est impossible à soutenir contre une situation aussi solidement acquise, aussi intelligemment maintenue. Les monopoles sont difficiles à conserver, et, sans parler de l'Amérique du Nord, il suffit de tenir compte de l'intercourse actuel entre New-York et divers ports de l'Europe, pour être convaincu de l'extension des relations maritimes à vapeur, soit en Allemagne, soit en France.

Grâces à la paix si indispensable pour l'expansion de toute grande entreprise (surtout celles de la mer), grâces aux idées d'association qui ont fait, depuis peu, tant de chemin dans les esprits, grâces enfin à l'énergique impulsion de plusieurs gouvernements, et en première ligne de celui de l'Empereur Napoléon III, de puissantes compagnies ont pu se créer rapidement, dans des conditions personnelles et nationales de prospérité et de durée. Des ateliers considérables de constructions navales se sont élevés ou agrandis ; des usines se sont fondées sur une large échelle ; des capitaux n'ont pas craint de se porter vers des entreprises presque ignorées autrefois en dehors des ports. La plupart des nations européennes ont pu être contraintes d'avoir recours à des ouvriers anglais pour l'installation rapide ou presque improvisée de leurs services maritimes, mais on peut prévoir facilement le jour où elles cesseront d'être ainsi partiellement tributaires des industries du dehors.

Bien plus, des faits éclatants prouvent nettement qu'un autre avenir attend les efforts des nations qui se sont engagées résolument dans la carrière de la grande industrie. C'est à la France, par exemple, que se sont adressées, de préférence, la Russie, l'Espagne, le Portugal, pour la construction de leurs lignes ferrées. L'Angleterre, elle-même, vient de lui demander des locomotives, et le bruit que fait actuellement une pareille victoire est le gage de nouveaux succès.

Il y a longtemps déjà que les fondateurs et promoteurs des chemins de fer français avaient prédit à l'industrie de notre pays de brillantes destinées. Leurs prévisions, réalisées pour les services terrestres, sont applicables aux grandes lignes maritimes.

Qui pouvait mieux prédire à la France un bel avenir dans

la voie des conquêtes pacifiques, que les financiers habiles qui, après avoir consacré les premiers temps de leur active carrière à la construction des premiers chemins de fer français, ont été, depuis, les constants patrons de tous les grands travaux nationaux du même genre. Nos frontières ne les ont pas arrêtés et quand ils ont pu supprimer les Pyrénées, plus efficacement que par le grand mot de Louis XIV, ils ont poussé de toutes leurs forces, de tout leur crédit, vers la conquête de l'Océan, en créant la Compagnie Générale Transatlantique.

L'Amérique, l'Allemagne, la France, peuvent donc lutter, de nos jours, avec leur riche et prévoyante devancière, dans la voie des relations transocéaniques et partager avec elle les immenses bénéfices dont ces relations sont les causes nécessaires et directes.

§ III.

Conditions géographiques dans leurs rapports avec les voyageurs, les marchandises et les relations postales.

Nous venons d'analyser ainsi les conditions générales de l'exploitation sérieuse ainsi que de l'établissement durable des services transatlantiques. Il nous reste à apprécier quelques considérations particulières non moins importantes, pour ce qui concerne spécialement les relations de l'Europe avec l'Amérique du Nord. Ces considérations ont trait à la situation respective des divers pays qui ont vu naître les compagnies actuellement en exercice, relativement aux sources d'alimentation de leur transit, en passagers et en marchandises.

Ici, tout d'abord, se présente un fait remarquable, celui de la convergence, vers le nord de l'Europe, de toutes les lignes postales de l'Atlantique.

L'Espagne et le Portugal, en apparence si favorisés par la

disposition avancée de leurs côtes dans l'Océan, ainsi que par la douceur du climat de la route qui les réunirait au Nouveau-Monde, semblent ne devoir pas, de longtemps, penser à la lutte ardente des nations qui ont su leur ravir l'empire des mers. Le peu de stabilité politique de ces pays, l'état peu satisfaisant de leurs finances, entrent certainement parmi les causes efficientes de cette infériorité, mais il faut aussi tenir compte du développement très insuffisant de l'industrie des constructions navales des mêmes royaumes, qui furent pourtant si avancés autrefois sous ce rapport. Malgré les souvenirs de leur histoire, ainsi que les habitudes et les qualités de leur génie national, les voyageurs de toute la Péninsule prennent ainsi le chemin de la France ou de l'Angleterre. Les steamers de Bordeaux les transportent aux côtes du Brésil et de la Plata ; ceux de Saint-Nazaire les conduisent aux Antilles, et de là aux villes du Continent américain des Tropiques. Quant aux destinations purement Nord-Américaines, la ligne du Havre à New-York voit déjà, chaque mois, augmenter le nombre de ses passagers de cette catégorie, attirés, d'un côté, d'une façon presque irrésistible vers Paris ; entraînés, de l'autre, par l'importance du centre commercial le plus considérable de l'Amérique.

Pour le reste de l'Europe, le Havre, Liverpool, Brême et Hambourg semblent être des points naturels de départ, la véritable tête de ces ponts jetés entre les deux mondes, et que représentent les transatlantiques, selon la belle expression de M. Emile Péreire, dans son discours du Havre (15 Juin 1864).

Du premier port partent à la fois les nombreux produits des manufactures parisiennes ou lyonnaises qui tendent à imposer dans tout le monde le goût délicat de nos nationaux dans la fabrication et la confection des articles de luxe. La proximité de Paris, le voisinage d'un grand fleuve arrosant une contrée riche et éminemment manufacturière ; une bonne situation relativement aux centres commerciaux de la Belgique, du Sud de l'Allemagne, de la Suisse et de l'Italie ; des relations maritimes étendues, la concentration de puissantes usines ; tout, en un mot, paraît devoir maintenir la ville de François Ier dans la légitime possession du privilège qu'elle a conservé jusqu'ici de servir de point de départ de la flotte commerciale à vapeur du Nord de l'Atlantique.

Il en est ainsi de Liverpool qui voit deux lignes rivales (on en comptera bientôt trois) tirer de son port les produits variés des manufactures voisines, les voyageurs nombreux qui gravitent autour des métropoles des affaires, et les flots pressés des émigrants qui vont peupler les territoires immenses des Etats-Unis.

Brême, Hambourg ont les mêmes conditions de vitalité comme têtes de lignes de services transatlantiques ; leurs steamers ont aussi leur transit assuré, en marchandises comme en passagers, provenant surtout des Etats slaves, russes et allemands du Nord

Le mouvement commercial de l'Europe avec la Confédération américaine est, du reste, si considérable ; il s'accroît chaque année dans de telles limites, qu'il y a place pour toutes les Compagnies dans cet énorme charroi de personnes et de matières à travers l'Océan. L'émigration elle-même a pris, depuis le commencement de ce siècle, de telles proportions qu'il y a souvent aujourd'hui plutôt encombrement d'hommes que pénurie de voyageurs aux ports Européens des grandes lignes transatlantiques.

Ce n'est pas que nous croyons d'une manière absolue que les villes que nous venons de nommer réunissent seules les conditions nécessaires pour l'alimentation assurée et productive des services maritimes à vapeur. D'autres cités sont sans doute appelées au même avenir, mais l'appréciation des faits actuels est surtout le but de notre travail, et les enseignements du passé, comme ceux du présent, prouvent que les déplacements de relations commerciales anciennes ont été et deviennent rares. Il en est ainsi *a fortiori* des créations complètes de nouveaux centres d'affaires, chez des nations constituées comme celles de l'Europe.

Si l'on songe maintenant à la position relative de chacune des villes citées plus haut, on aura facilement découvert une nouvelle preuve que les situations géographiques avancées dans l'Océan n'exercent, en réalité, qu'une influence secondaire dans le choix naturel des points de départ européens. La longueur plus grande du trajet maritime n'empêche pas, en effet, la prospérité des lignes de Hambourg et de Brême. Les raisons commerciales et le voisinage des grands centres d'industrie entraînent, au contraire, la masse des voyageurs.

La convergence de presque toutes les lignes actuelles vers New-York est une démonstration tout aussi péremptoire du même fait. Plusieurs autres cités américaines, dont le commerce actif et la situation topographique étaient également favorables, ont vainement tenté de détourner le courant vers elles ; presque tous les essais ont échoué, et ce courant s'est obstiné à se diriger vers la ville Impériale, emportant avec lui les marchandises et les émigrants du vieux monde. Métropole dont l'accroissement annuel est effrayant, New-York accapare ainsi le transit presque entier du trafic de l'Europe et répartit à elle seule aussi ces forces vives humaines que ne savent pas retenir nos vieilles civilisations, et qui portent jusque dans les territoires les plus sauvages du *far west* le travail, l'activité et la richesse.

Chaque ligne actuelle a donc sa clientèle marquée en Europe, et cette clientèle, un moment monopolisée par l'Angleterre, doit devenir d'autant plus fidèle, que tous les services tendent à être égaux en vitesse, en régularité, en confort. Les voyageurs partis d'Amérique auront seuls le choix de leur route. Les hommes d'affaires convergeront vers les points de leurs relations habituelles ; les hommes de loisir, vers les contrées classiques des voyages et le doux climat du midi. Nul doute que les lignes françaises ne bénéficient amplement de leurs traversées directes sous des latitudes moins rudes et moins dangereuses. Elles auront toujours, de plus que les autres, cette attraction universelle et irrésistible qui porte vers Paris les classes riches de l'univers entier, et les journaux étrangers ont déjà noté que les dames, si nombreuses dans chaque paquebot, ont déjà montré pour nos services une préférence marquée.

Nous n'avons envisagé, jusqu'à présent, notre question qu'au point de vue des relations commerciales et topographiques, nous ne pouvons pas cependant négliger, dans notre exposition, ce qui a trait à une des conditions particulières des services transatlantiques : celle des relations postales.

A vrai dire, ces relations sont, en quelque sorte, sous-entendues dans les considérations qui précèdent, car le commerce tient évidemment le premier rang dans l'accroissement des postes de l'Océan. Cependant il est indispensable d'entrer ici dans quelques détails au sujet : 1° de l'utilité générale les services de cette catégorie ; 2° des subventions accordées aux lignes maritimes ; et 3° des modifications que les contrats passés avec les divers États apportent dans la voie parcourue par les steamers.

1° Utilité des lignes postales.

Il est sans aucun doute peu nécessaire d'insister beaucoup sur l'utilité des lignes postales et sur les conséquences que ces relations fréquentes, sûres et régulières, peuvent amener dans les transactions commerciales d'un pays. Les résultats de l'établissement des services postaux à vapeur ont été partout identiques. Partout se sont multipliés les échanges anciens ; de nouveaux ont surgi et les affaires ont pris bientôt une expansion supérieure aux prévisions les plus enthousiastes. Chose remarquable ! plus les contrées sont éloignées de l'Europe et plus ces avantages sont unanimement reconnus. J'ai assisté bien des fois, et en des régions bien diverses, à l'arrivée des paquebots, et il est difficile de se faire une idée exacte de l'intérêt qui s'attache à leur relâche dans chaque port. Les lignes anglaises ont donné de telles habitudes de régularité qu'au jour prévu et fixé, chaque mois, la population presque entière se porte à la bourse, aux sémaphores, aux quais, partout enfin où l'on peut voir poindre au loin le navire ardemment désiré. Il y a dans cette fiévreuse attente plus que des satisfactions de sentiment ou de famille, plus que de la curiosité (on se lasserait vite d'un spectacle aussi fréquemment renouvelé), on sent que de graves intérêts sont en présence, et pendant quelques jours chaque ville reprend un aspect nouveau d'activité, de travail et de vie.

Ces apparitions bienfaisantes des steamers ne sont pas moins fertiles en résultats pour les grands centres européens qui en régularisent la marche et la répartition. Il nous serait facile de montrer, d'après des documents officiels, les effets avantageux du retour, dans tel ou tel port donné, des packets transatlantiques. Là se centuplent les affaires anciennes et se créent des transactions jusqu'alors ignorées. On pourrait citer telle ville dont le commerce, languissant avant l'installation d'une ligne de paquebots, a vu renaître, immédiatement après, une prospérité qui semblait pour toujours évanouie.

Je ne puis résister, du reste, au désir de fournir un exemple des richesses qui peuvent naître de cet admirable rapprochement des contrées les plus distantes. Je l'emprunte à un remarquable travail, publié à Philadelphie, sur le mouvement commercial du Brésil avec la Grande-Bretagne, de 1840 à 1855. En voici le résumé sommaire :

De 1840 à 1850, les importations brésiliennes en Angleterre restent stationnaires ainsi que les exportations dont le chiffre, à peu près invariable, s'élevait annuellement à un million et demi de livres sterling. En 1851 s'établit la *Compagnie du Royal Mail*, et, dès 1855, les importations offrent une augmentation de 150 pour cent sur celles de 1848, de 300 pour cent sur celles de la période de dix années précédemment indiquée.

Dans l'année même de l'ouverture de la nouvelle ligne de Packets, les exportations font un progrès de 40 pour cent. En 1854 elles sont en avance de 102 pour cent sur celle de 1850. Si l'on réunit enfin l'accroissement de valeur des importations et des exportations nées sous l'influence de la première ligne à vapeur anglo-brésilienne, on arrive à ce fait, qui peut se passer de commentaires, que le commerce anglais avec le Brésil s'est accru de 225 pour cent en cinq années.

De pareils chiffres sont plus éloquents que toute argumentation, et nous croyons que la généralisation vérifiée de ces conséquences peut autoriser à avancer que le développement et l'extension des services réguliers à vapeur sur l'océan constituent un des événements les plus étonnants comme les plus grands de notre époque.

Longue, du reste, serait l'énumération des autres conséquences heureuses de la création de ces flottes pacifiques. Nous pourrions citer la précision et la rapidité qu'elles apportent dans les communications diplomatiques des nations, dans l'action que peuvent être appelés à exercer les commandants des grandes stations navales, dans le développement des colonies lointaines, etc., etc. Les guerres, elles-mêmes, n'interrompent pas leur puissance pour le bien, et l'on peut espérer, à bon droit, que les relations de plus en plus étroites qui s'établissent, grâces à la vapeur, entre tous les peuples, seront un des principaux obstacles à la réapparition des destructions et des dévastations des siècles passés. La solidarité et la communauté d'intérêts sont les plus fortes causes de la paix entre les nations.

Le bon sens a fait supprimer dans les conventions postales de la mer, comme onéreuses et par conséquent nuisibles, les anciennes prescriptions relatives à la transformation possible des paquebots en navires de combat. Les steamers, devenus ainsi plus légers et plus rapides, n'en ont rendu que plus de services à l'Etat. Grâces à leurs qualités spéciales, le transport des ordres, des hommes, des approvisionnements n'a été que mieux assuré pendant les récentes guerres de Crimée, de Chine, de l'Inde, du Maroc, de l'Italie et du Mexique, sans parler des faits plus récents et tout aussi probants de la guerre d'Amérique. Les flottes de guerre ont été naturellement déchargées d'autant et ont pu remplir ainsi, sans préoccupation étrangère, le rôle particulier qui leur incombe.

Tout confirme donc l'utilité des services postaux, soit dans leurs effets immédiats, soit dans leurs conséquences indirectes.

Une objection, cependant, a été plusieurs fois énoncée et développée contre leur nécessité future en général et contre leur importance spéciale pour l'avenir des communications entre l'Europe et les Etats-Unis. Nous devons donc nous arrêter sur ce point.

On a dit, et on a cru avoir démontré, que le succès probable et peut être prochain de la pose du câble électrique enlèverait toute utilité aux relations purement postales que l'on s'efforce de multiplier à grands frais. Nous croyons qu'il est aisé de prouver que ces craintes ou ces suggestions sont dépourvues de réalité.

Je ne sais si les transmissions télégraphiques, déjà très perfectionnées, arriveront jamais à se modifier assez fondamentalement pour pouvoir se substituer aux correspondances par lettres ; mais ce qu'il est possible d'affirmer, c'est que, dans l'état actuel des choses, les premières ont un caractère de laconisme qui s'oppose et s'opposera peut-être toujours à cette substitution.

Les télégrammes, parfaitement appropriés aux nouvelles politiques, financières, ou aux besoins de la spéculation, présentent plus d'un inconvénient pour toutes les autres relations sociales ou commerciales. Ils exigent un *temps matériel* et un *ordre d'expédition* incompatibles avec ces dernières relations.

Il suffit de comparer, en effet, un seul moment, le *nombre possible* de dépêches transmissibles dans une série donnée d'heures ou de jours, avec l'effrayante masse de lettres apportées au *même moment* et distribuées la *même journée* par les steamers, pour saisir à l'instant le peu de fondement des arguments invoqués.

L'expérience, avec laquelle on devrait toujours compter, montre que sur les continents, les lignes télégraphiques, loin d'avoir nui aux services des postes, leur ont donné plus de développement que jamais ; les lignes maritimes auront le même résultat. Les steamers et les navires à voiles voient leur clientèle se spécialiser davantage chaque année et ne peuvent, en réalité, se nuire pour les voyages de long-cours. De leur côté, les services électriques et les services postaux, répondant à des besoins de deux ordres, ne pourront que se développer, côte à côte, dans leurs conditions de *spécialité*, règle moderne qui tend à devenir loi générale pour l'industrie comme pour tous les services publics.

2° *Des subventions gouvernementales ; leur nécessité.*

La question postale doit être examinée à un autre point de vue, celui de son influence sur les subventions accordées par divers gouvernements, et sous diverses formes, aux compagnies de paquebots à vapeur.

Les Anglais ont été les premiers à conclure des traités de cette nature, et ils l'ont fait dès le début avec une ferme détermination, une entente des besoins nationaux ou particuliers et une sagacité qui ne laissent rien à désirer encore : il n'y a qu'à les imiter. Dès 1833 ils donnent des subsides au service à vapeur de la compagnie de l'Ile de Man *(Mona Isle steam Company)*, et, depuis cette époque jusqu'à nos jours, ils n'ont cessé d'inscrire, dans un article spécial de leur budget, un chiffre considérable pour les subventions de ce genre.

Ces subventions ont toujours été assurées pour un long

terme (douze ans). Leur renouvellement n'a subi, jusque dans ces dernières années, aucune opposition sérieuse. Quelques voix se sont élevées pourtant, tout récemment, à la Chambre des communes, pour demander aux ministres quelle était leur intention future à ce sujet lors de l'expiration prochaine de certains contrats, celui de Liverpool à New-York spécialement. Mais, en présence de la concurrence plus que jamais active des lignes étrangères, il est peu probable que le principe admis jusqu'ici sans conteste reçoive quelque atteinte. Il aura sûrement d'ardents défenseurs dans cette foule d'hommes intelligents et pratiques qui se préoccupent peu des querelles oiseuses ou systématiques de parti, dès qu'il s'agit de questions qui touchent aussi bien à la prospérité du pays qu'au développement de la richesse individuelle.

Les Américains sont loin d'avoir montré le même esprit de suite, le même instinct politique dans l'octroi des subventions aux services maritimes, car le principe de ces secours a été souvent attaqué ou abandonné dans les deux chambres de Washington, et leur durée a toujours été inférieure à celle des conventions analogues de leurs prévoyants rivaux. Les conditions politiques spéciales de ce grand pays donnent, il est vrai, la clef de cette grave erreur économique. Nous pourrions indiquer ainsi, parmi les causes de cette sorte d'indifférence ou d'opposition à de grands intérêts : les modifications profondes et trop fréquentes du pouvoir exécutif renouvelé à bref délai, l'esprit de rivalité incontestable des diverses fractions des représentants d'Etats, et l'opposition, peu judicieuse mais réelle, faite par un grand nombre de députés des Etats de l'intérieur à toute mesure qui semble ne devoir profiter qu'aux villes du littoral. Ces divers motifs ont exercé une large influence sur le peu d'extension relatif des grandes lignes maritimes dans un pays qui, par le nombre de ses exportations comme par l'importance de ses importations, devrait au contraire les favoriser avec énergie.

La France est entrée tard dans la voie fructueusement ouverte par les Anglais, mais elle l'a fait résolument depuis que l'Empire, en lui donnant la paix au dedans, l'a mise en mesure de songer au développement extérieur de ses facultés éminemment organisatrices. De 1850 à 1854, elle a favorisé et largement subventionné les lignes de Corse, de la Méditerranée, du Brésil et de la Plata, de l'Indo-Chine, de la Chine, du Japon, de l'Ile de la Réunion, du Mexique et de l'Amérique du Nord. Ses secours atteignent aujourd'hui le chiffre de vingt quatre millions de francs annuels. Chose remarquable et sur laquelle on ne saurait trop insister ! cette somme ne s'inscrit pas pour ainsi dire parmi les charges de l'État. Par les soins d'une administration qui, certainement, n'a pas son égale dans le monde, les moyens de multiplier au dehors le commerce français, par les services maritimes, se prélèvent sur les bénéfices réalisés dans l'exploitation générale des postes continentales. Quatorze millions rentrent, de plus, dans les caisses du trésor. Il y a loin de ce résultat à l'insuffisance annuelle des recettes postales des États-Unis, où le nombre des correspondances, des journaux et des objets transportés par les malles témoigne d'une activité commerciale ou individuelle dont nous n'avons pas idée en Europe.

Nous avons regardé jusqu'à présent, comme une sorte d'axiôme économique, que les subventions maritimes devaient être maintenues, concédées à long terme, et multipliées selon les besoins nouveaux. Il ne me paraît pas inutile de signaler aux lecteurs l'urgence de ce système d'encouragement, car quelques-uns d'entre eux n'ont peut-être pas une idée complète des frais énormes qu'exigent la construction, les réparations et la direction de chacun des steamers à bord desquels ils trouvent naturel, d'autre part, de rencontrer des améliorations croissantes de confort, de sécurité et de vitesse.

Aucun service semblable à ceux qui sont aujourd'hui en lutte, ne pourrait, en effet, vivre sur ses recettes particulières dans des conditions que le progrès du bien-être et la compétition de plus en plus ardente ont rendu presque indispensables, surtout dans les traversées d'Europe à New-York.

Bien des voyageurs qui traversent chaque mois l'Atlantique ignorent souvent l'énorme mise de fonds nécessaire pour le premier achat du matériel qui les transporte. Le prix de ce matériel varie de 3 à 4 et 5 millions de francs pour chaque grand steamer en activité de service, et cette somme doit s'accroître encore du chiffre des paquebots inactifs que chaque compagnie doit avoir forcément en réserve pour parer aux éventualités d'accidents, d'avaries ou de perte qu'il faut, de toute nécessité, prévoir et auxquelles on doit apporter un prompt remède. Or, cette première mise dehors de capitaux considérables ne peut être réduite parce que la vitesse admise comme moyenne pour les grands services à vapeurs entraîne avec elle des proportions de solidité de coque, de machines et d'appareils de tout genre, bien supérieures à celles que demanderait un service moins rapide, c'est-à-dire une lutte moins grande contre la résistance de la mer. Les grands steamers postaux ne peuvent être les analogues des forceurs de blocus (*Blockade Runners*) dont l'existence éphémère pouvait permettre de négliger les conditions essentielles de durée. Ils doivent vivre une assez longue vie pour que leur emploi ne soit pas absolument onéreux aux Compagnies qui les ont fait construire. Pourtant, malgré ces règles suivies dans toutes les marines, le temps de splendeur des packets ou de leur règne sur l'Océan est toujours assez court, ce qui nécessite de nouvelles constructions et, par suite, de nouvelles dépenses.

L'appréciation des frais d'entretien, de réparations et d'améliorations intérieures des paquebots se prête à des considérations de même genre ; ces frais figurent au budget des compagnies pour des sommes importantes, que l'on n'évalue pas à moins de 10 à 12 pour cent du premier prix d'achat.

Je ne fais que citer ensuite la dépréciation de ce matériel si coûteux, fixée généralement de 5 à 6 pour cent par année ; l'intérêt d'un capital social énorme et tant d'autres chapitres : appointements d'un personnel nombreux et choisi de commandants, d'officiers, de médecins, de marins, de mécaniciens, de chauffeurs et de gens de service de toutes catégories ; frais de direction générale et d'agence, polices d'assurances maritimes (10 pour cent), annonces de publicité, et mille dépenses diverses (matériel des tables, cuisines, etc., etc.). Le détail de chacun de ces chapitres de la balance générale m'entraînerait trop loin.

On pèse mieux, d'ordinaire, une autre lourde dépense des services maritimes parce qu'elle tombe sous l'observation journalière ; je veux parler de l'énorme consommation du charbon, qui atteint en moyenne de 1300 à 14 et 1500 tonneaux par traversée.

Tout fait monter aujourd'hui le prix de cet agent indispensable de la locomotion rapide sur la mer. La vulgarisation de son emploi sur terre pour tous les besoins économiques ou industriels, l'épuisement de certaines mines, les frais de plus en plus élevés des transports lointains font peser une charge de plus en plus lourde sur les compagnies maritimes. On serait presque tenté déjà d'avoir de sérieuses craintes pour l'avenir, si les merveilleuses découvertes des siècles, et surtout du nôtre, n'avaient, en quelque sorte, accoutumé les générations présentes à ne désespérer jamais des ressources inépuisables de l'esprit humain.

Je devrais encore faire entrer en ligne de compte ce qui a trait aux approvisionnements des tables splendides des *châteaux de la mer*, aux droits de pilotage, de navigation, de phares, de remorquage, pour certaines évolutions, près des appontements ou des quais, etc., etc. Il est tel article de cette énumération qui, à lui seul, constitue, pour chaque traversée, une dépense vraiment énorme, sans compter les pertes inévitables de matériel et les secours que l'humanité reconnue des Compagnies distribue tous les ans aux invalides ou aux malades d'un nombreux personnel.

Or, au crédit de tout ce compte effrayant de déboursés ou d'avances, les services maritimes à vapeur ne peuvent évidemment porter que des prix de passage (réduits par la concurrence, spécialement sur la ligne de New-York, dans des proportions extrêmes), et des frets d'autant moins rémunérateurs, qu'ils ne comprennent qu'une certaine classe de marchandises, celles de luxe. Les exigences de vitesse s'opposeraient même à l'embarquement d'un nombre considérable de tonneaux.

Tout le succès de ces entreprises repose donc en somme presque exclusivement sur le mouvement des voyageurs et, bien que le mouvement soit destiné à s'accroître, il n'atteindra jamais, loin de là, le chiffre nécessaire pour la juste rémunération de Compagnies exigeant des capitaux si nombreux que l'association seule peut les fournir.

Quelque attention peut faire reconnaître déjà que les steamers les plus rapides, ceux qui fondent aux yeux du public la réputation des lignes existantes, ne naviguent, pour ainsi dire, que l'été, temps favorable aux passages d'Amérique en Europe (1). La raison de leur repos en hiver n'est autre que l'insuffisance trop reconnue, dans cette saison, du nombre des passagers pour couvrir les seules dépenses de charbon.

---

(1) C'est, par exemple, le cas du *Scotia* et du *Persia*, de la ligne Cunard, dont la consommation de charbon s'élève à 130 et 150 tonneaux par jour. Leur type paraît abandonné pour cette raison, et les derniers steamers de cette ligne sont à hélice, type *China*, perfectionné sur le *Cuba* et le *Java*. La compagnie transatlantique française à récemment adopté ces modèles pour la construction des nouveaux navires qui doivent desservir New-York et le Havre, en mars prochain. (*Péreire, Ville-de-Paris, St-Laurent*).

Il ressort donc, de tout ce qui précède, que sans les subventions gouvernementales les compagnies de steamers à grande vitesse ne pourraient se soutenir nulle part.

Est-ce à dire que ces secours soient une perte réelle pour les nations qui les accordent ? Nous avons implicitement prouvé, en plusieurs endroits de ce mémoire, qu'il n'en était rien. C'est par mille canaux indirects que les millions ainsi distribués rentrent dans les caisses des Etats. Il n'y a donc pas lieu d'en regretter l'emploi, puisqu'il est une des causes de la richesse publique comme des fortunes particulières, en même temps qu'il contribue à la grandeur politique de tous les pays.

Telles sont les conditions réelles et générales des grandes lignes postales à vapeur de l'Océan. Il ne nous reste plus, pour terminer, qu'à parler des modifications que le désir, aujourd'hui si marqué, des communications rapides, a fait apporter dans le parcours ou l'itinéraire des steamers.

3° *Des escales rendues obligatoires par les conventions postales.*

Ces modifications se traduisent, en Europe, par la relâche de presque tous les packets dans les ports des côtes orientales de l'Océan atlantique les plus avancés vers l'Amérique, soit à l'aller, soit au retour des Etat-Unis. Les mêmes raisons ont déterminé l'établissement d'une station télégraphique et postale au cap *Race* de l'île de Terre-Neuve.

Queenstown, dans la baie de Cork, en Irlande, et quelquefois le port de Kinsal, dont l'entrée est plus accessible par certains vents, sont les points choisis par les paquebots partant de Liverpool. Cowes et Southampton ont été adoptés par les lignes américaines qui ont desservi le Havre pendant plusieurs années, ainsi que par les steamers d'Allemagne.

Sous ce rapport, l'Angleterre a d'admirables positions avancées, des baies d'une étendue et d'une sûreté reconnues, avantages précieux pour la renommée de ses services, car on en est venu à ne plus compter leurs traversées que des deux escales de New-York et d'Irlande dans le parcours entier des mêmes lignes.

La France est moins bien partagée sur les côtes de la Manche, mais elle possède, vers l'extrémité du département du Finistère, un port où la nature semble avoir, de tout temps, indiqué l'emplacement d'une grande cité commerciale. Ce port est formé par la rade de Brest, véritable petite mer intérieure où presque tous les navires d'une nation pourraient évoluer à leur aise, et qui ne sert actuellement qu'aux mouvements des flottes d'un des plus grands arsenaux de guerre de l'Europe. Les transatlantiques font désormais escale dans ce point avancé de la France pour lutter, à armes sinon égales (Queenstown est mieux situé sous tous les rapports) (1) du moins aussi peu inégales que possible, avec les steamers anglais. Leur fréquentation ne peut manquer d'y produire les conséquences ordinaires que nous avons signalées. La Bretagne verra, sans aucun doute, ses laborieux enfants profiter des richesses dont leur trop long isolement du reste du pays les avaient injustement privés jusqu'ici.

« Brest deviendra nécessairement avec le temps une ville » d'entrepôt et d'échanges » comme l'a prédit Son Excellence le Ministre des travaux publics dans son discours du 25 avril 1864, à l'inauguration de l'achèvement des chemins de fer bretons. « Il saura mettre à profit son atterrissage » facile, ses eaux tranquilles et profondes, ses refuges sûrs » et à l'abri de toute insulte. Son négoce actuel, réduit presque à la consommation locale et aux rapports avec l'arsenal; sa navigation, aujourd'hui limitée pour ainsi dire au » cabotage, feront place aux combinaisons du grand commerce et des armements lointains. »

---

(1) Il est à environ 2800 milles de New-York, et Brest à 3000 milles.

Quant à la date de cette vie toute nouvelle, elle est naturellement difficile à fixer encore, et nous ne pouvons mieux conclure à ce sujet qu'en reproduisant le passage suivant du magnifique discours de M. Béhic :

« L'avenir dira dans quelle mesure et avec quelle promp-
» titude s'accomplira cette transformation et ce qu'il peut y
» avoir de prochainement réalisable dans les ambitions con-
» çues pour leur ville natale par des esprits généreux et
» hardis. »

Les Américains ont aussi dirigé leur attention vers les moyens de diminuer de leur côté la distance des lignes postales qui convergent vers Boston ou New-York, mais leur station télégraphique du Cap *Race* a une importance moins grande que celle des escales européennes dont nous venons de parler. Son abord toujours difficile, surtout pendant la longue saison des brumes, ou quand les glaces forment aux côtes de ces régions un dangereux rempart, la font souvent négliger. On peut même dire que les packets qui la visitent sont, de nos jours, de véritables exceptions.

Nous saisissons cependant cette occasion de louer hautement l'esprit d'association et de dévouement de la presse américaine qui a pris l'initiative d'un pareil établissement sur une plage déserte, et qui en soutient, seule, toutes les charges de matériel et de personnel. De pareils actes ne se rencontrent pas en Europe, et l'on n'y voit pas davantage, au moins en France, un autre signe de ce besoin de renseignements qui ne fait rien négliger au journalisme américain pour se procurer de fraîches nouvelles. J'ai souvent entendu remarquer, par les passagers étrangers des steamers, que le premier personnage qui apparaissait en France à l'arrivée d'un packet, était un gendarme. A New-York, et partout en Amérique, c'est un délégué de toute la presse qui monte le premier à bord, longtemps avant le mouillage sur rade, en même temps que le représentant de l'intendance sanitaire. Le paquebot n'est pas à son poste de quai que sa venue est signalée et que les nouvelles qu'il apporte sont imprimées et connues de tous.

Nous pourrions citer d'autres exemples que le Nouveau-Monde pourrait ainsi donner à imiter au nôtre, mais nous touchons au terme de l'analyse que nous avions entreprise. Nous nous sommes efforcé de la rendre aussi complète que possible, dans les limites que la nature de notre Etude nous imposait. Nous avons surtout tenté d'apprécier les faits actuels, résultat de l'expérience des trentes dernières années, sans faire d'excursion dans le vague champ des idées spéculatives. Les conditions qui semblent devoir assurer le succès des lignes qui desservent, de nos jours, le grand chemin d'Europe aux Etats-Unis changeront-elles dans l'avenir ? De nouvelles concurrences (on en annonce plusieurs) réussiront-elles à se fonder ? Verrons-nous flotter bientôt, ainsi que nous le promet un brillant prospectus, de magnifiques steamers privés de voiles et de tout autre appareil de locomotion que leurs machines, marchant en conséquence avec des vitesses inconnues jusqu'à présent, tout en transportant un nombre plus considérable de voyageurs et de marchandises à des prix excessivement réduits ? Je m'abstiendrai de me prononcer sur des questions qui renferment tant d'incertitudes, de doutes, et souvent de déceptions. L'histoire du *Great-Eastern* le prouve.

Il est cependant une éventualité qui me semble devoir être, dès ce moment, prise en considération sérieuse : c'est la réussite de la pose du câble transatlantique. Rien ne peut certainement faire croire que la persévérance de l'homme n'atteindra pas, d'une manière définitive, le but un moment saisi. Or, il est à supposer que la transmission régulière et assurée des dépêches télégraphiques pourra modifier, d'une manière assez profonde, la constitution actuelle des services maritimes à vapeur.

Nous avons dit déjà que ces modifications ne pouvaient, en aucune façon, porter atteinte aux relations postales en elles-mêmes et qu'elles seraient même plutôt favorables que nuisibles à ces relations ; ce n'est donc pas sous ce rapport que nous en parlons ici. Mais elles doivent, à notre avis, avoir une conséquence spéciale féconde pour le succès financier des services maritimes dans la suppression de toute escale entre les points de départ et d'arrivée des lignes actuelles. Ces escales entraînent, comme on le conçoit en réfléchissant un peu, des délais, des retards, et par conséquent des pertes de temps et des dépenses considérables pour les compagnies. Elles multiplient, d'un autre côté, les dangers de la navigation, et les compagnies d'assurances savent très bien s'en prévaloir dans leurs traités.

Comme il est évident que la raison d'être de ces relâches n'est autre, en résumé, que le désir de recueillir des nouvelles sommaires de plus fraîche date, ce *desideratum* sera plus sûrement et presque journellement rempli par les communications électriques pures. Queenstown, Southampton, le cap Race et Brest (en tant que points de relâche), pourront voir ainsi disparaître entièrement les avantages particuliers de leur position avancée dans l'Océan. La durée des voyages n'en sera pas très sensiblement modifiée, et les résultats économiques de la suppression des relâches ne pourront être négligés.

Du reste, si l'on porte un moment son attention sur ce fait que chaque semaine voit déjà partir, du seul port de New-York, *quinze* steamers de 1re classe pour les grands centres commerciaux du Nord de l'Europe, on arrive à attacher une bien moins grande importance à des diminutions presque artificielles ou minimes de la longueur des diverses routes postales. La somme des dépêehes *nouvelles* devient de plus en plus insignifiante par la multiplicité de services dont les vitesses tendent plus à s'égaliser qu'à présenter des écarts nuisibles au commerce. Tout conduit donc à faire reconnaître qu'une seule considération prévaudra (dans un avenir peut-être plus prochain qu'on ne le suppose), celle des avantages nombreux d'un *trajet direct*, c'est-à-dire sans aucune escale, entre les points géographiques que la nature ou l'intelligence commerciale de l'homme a désignés dès longtemps comme les meilleurs points de départ des grands chemins de l'Océan.

Octobre 1865.

Havre—Imp. Lepelletier, pl. Louis-Philippe

www.ingramcontent.com/pod-product-compliance
Lightning Source LLC
LaVergne TN
LVHW052013160826
845678LV00003B/1043

* 9 7 8 2 3 2 9 6 4 7 5 9 3 *